#1

	6	8			7		4	
		1	9					6
7					3			
		4			2	6		5
	9		5	6			3	1
4	3			8	9			
	1						9	2
					4			

#2

6					1		7	
			9		3			5
		5					9	4
			1	3	2	7		
					7	1		
1	3							
		5						
3		2		7		6		
	7	9		6	8			2

#3

		6	3		1		7	
8			7	5				
				4		3		2
	1				2			6
	2				5			
		4						
	5				6		4	
			2		9			8
9	8		1	6		5		

#4

			2				6	7
		5		6		4		
	1	2	3					8
			4		2			
9	6						2	1
		2				3	7	
				7			9	3
7		9	1					
		8						

#5

		3	5		9	7		
2	9				8			
		8	4				9	1
		7			2	6		
	2	1	4		9			8
		9	2		5			
3	7			1	6	5		
	6			5	4	8	7	
8	2	5		7	1	3	9	

#6

1						8		
	3	8	2	4			7	
		4			7	1		
3			6			4	9	
8		9			3			
5							3	2
			3			5		
			1					
6	9						2	

#7

3	2				8		4	
5	4		1					
	9	1			5			
9			5		6			
	1	7		9				
2	8		1			9		
		9			2			
		4			1			
	7	2		6				

#8

			4		2	8	5	
8						6		7
			8	7		2		
			2	3	9			5
			7			1	9	
	4				8			
			9		7			1
	1	4					2	
	5	8	1			3		

#9

	7		1		6	2	9	
	2							
1					7		3	
	1							
		3	9	8		7		
		8		4		3	2	
			4		9	8		
							1	
	5	4	8			2	6	

#10

6	1							
9	7			6	3		1	
		5			4			
	3	8	2		1		6	
	2				8			3
					6	1		7
		7	3			5		6
5		1		8	7	2		

#11

7			2					
				5	3			
		6		3				
				2		8	9	7
8		2						1
			9	5			3	4
	5	3	7	9				
	1							2
		4	5		2			

#12

5		1		3		8		6
	6		2		8			
	3	8			1			4
		3		7				8
		4			2	7		3
				6				5
	6	1		3				9
3		2		9		6		7

#13

			5			3		9
			3			4	1	
9			1					
	9	7						
6		4		3		9		
					4			
	6				1			5
					5	7	3	
4	2			8		6		

#14

			5			8	2	3
		2		8			6	
7	1	8		3				
				2		9		
	8						7	
		9				5		
4			7					
5								
	3			9	6	1		2

#15

4								
3	8					1		6
	9			3	2			
			9			6	4	
8		1			6	9		5
9								
	1		7				5	9
				9	5	7		3
							2	

#16

7					6		5	
3			5	4			7	
		9	7					
1		3			4		2	
8	7							5
	2							3
			1	9			6	
6			4	3	5	7		
	4		8					

#17

		2			8	3		1
		8		7				
					8	5		
	2	6	3	1		5		8
						1		
				4		9		
2	5	9		6				
7			2					
	6			5			7	9

#18

9	8	3	6	5	4			1
2	1		3	9	7			
5	7		2	8		3	9	4
7						4	8	
8	3						1	
	4							
			3	2	1			
		1	4	5				7
4		8		6			3	9

#19

		3		8				9
	1							
		4	9			5	8	
				2				5
	9		8	6	7		4	3
		4			8	6		
	7		3			2	1	
	8	2			5			4

#20

			5					
9	6	7		4	5			
		1						
6	9							
				6			7	3
		7		3		8		4
8		9				6	3	
			4					2
2				5				

#21

6	5	8	4		9			
					5			7
3	4			1				
	2	1				9		
			3	9		4		
5							6	
1			9					
	9			8		5		2
					3			

#22

		5			1			
	4						1	6
	2		7			4		5
4	1			3	2		6	
5	8							3
							2	
				7			8	2
2			5	6		9	4	
8	7				3	6	5	

#23

	5	8	9					
2	4			7	6		9	
5	7		8				1	
	2		3		7		5	
				4	5	6		7
			7	3				
	8	7			4			
1	9		6			4		

#24

				2				6
				8			4	9
4	9							7
1		4					9	8
3			5					
		6		4				
			4			1	5	3
		2			9	8		
7					1			

#25

6			4	8		1		
7		1		9			2	6
			2					9
								3
			9	5				
	6	8						
		4		9	1	2		
2			8					4
	1	9		4		3	5	

#26

			1			6		
			9	2				3
			1			8	6	2
			5					4
	7	6			9			1
	1		2		4			7
1		8				3		
	6						4	
3	9				5			

#27

	4		1		8	5		
	7							
								3
	5		4				9	7
			5		4			1
3				1				5
		6		4		1		
9	2	5	3		7	6		
	3			2	6			

#28

			7	3			6	1
6				1	7	4		
5								
9	2	8				5		
				9			8	3
4	5						7	
2			8	3	9			
				6		1	3	

#29

					8			1
	1		3		5		2	6
						9		
5		1	8					
3			4		1			
	7				6			3
1	5		9	7				
9				6	3	1	4	
2		6	1			9		

#30

3		1		2		6		5
				8	3			
						1		
				3	8	2		
		6				1		7
9	3			1				6
4					6		5	
				5		9		
1							2	8

#31

			9			3		
	5	6	4		3	8		1
9	8	3			6	7		4
					3			
	7			1				
	2		5	3				6
5	6		3			1	4	
1				4				9
			2	1	7			

#32

	4			1	3		6	
9					8			5
6								2
						3	1	
4		5			9		1	6
	1						8	2
	3	2		5				
				1	8		7	3

#33

2			1	7		3	8	
		3	5	2	8		6	
6					3			
	4		7					
		7		3				
1					2	7		5
	6					5		
		1	6					7
	2	4		5		8		

#34

8	7		9					6
6			3		1			
		5	4				8	
						1	9	3
						4	8	2
		8		3				5
1	9		8				7	
	7							
	6		7	9	5			4

#35

	9		2		1			8
						5		
5			8	9		3		
9				4			8	
7		4			3	1	2	
		1						7
4			6		5	8		3
		9						
8						6	9	2

#36

				7		3	8	
				2				1
		6		3	9		7	
			3		7	4		
5					2			
2		9	6			7	1	
		3		8				
	5					8	2	9
	1							7

#37

	8	6	7	3				
9			2	6				3
			8		1			6
	3			4	6			
			7			9	8	
	9			3				
1				2				
3	4			7	9	8	2	
2			4			1		

#38

					2	9		4
		8		7				5
	9	2	4	1				
4			2				8	
3				4		1	6	
8				6		4		
								9
9	6	1					3	8
					8		5	1

#39

	7			2				
	1	6	3			9	5	
			6		7	3		
		8	7		3			
5								
	6	3	9			2		8
7		1	5		9		2	3
							6	
	5							

#40

1	6							
							9	2
		3			2			1
4	9		8			6		3
				7				
			5	3	1		8	7
3					6		5	
								7
6	7	4	3					

#41

	4			9		1		
	3		7			6		
5		6		3	8	9		4
2								
			5	2		7	1	
				9				2
		3			7			
6		4	2					3
				8	4			

#42

	5		2		9	1		3
	7							
				4				8
			9		2	4		
	3			1		2		
9	2	4	5	7				
	6	8						
	9				7		6	
				2	1		9	

#43

2			4			8		
8		1	6		3		4	
				8	6			
	5		8			3		
			9					7
		7			4		1	
			3					
7						6		
	3	2				1	7	

#44

		3			7		9	6
	6				5			
4	9	7						8
7		8				4		2
	1	6					4	7
	4				1	2		6
					5		9	8	7
								1
9	7		6	4			1	

#45

7			6					4
		2		9	3		1	
1				7		8	3	6
			5				2	
6		5	1					
			3			7		
		1			6	3		8
3		8	7	4				2

#46

2		1				4		6
						7	3	
				8			9	
		7			2			
	8	2			5	6	7	
			3	4		8		
						1	4	3
		4	1	7		2		
1		3						7

#47

2	8	3		9		6	4	1
	5		6	1		7		3
7					3	9		8
			4	5				
					6	2		5
5		8			1			
				7			8	
	7		8			3		
	3	9						6

#48

		5						4
			7	3				
2	1			4			9	
	7							6
			1		7	8		
4		2	8					9
	8			5			6	
1	5				9	2		

#49

		2		3		7		
7			8		4	3		
	3					9		1
1	6				3		2	7
			4	6	1			
	4				8			
2		6	5	1		4	7	
5						8		

#50

		5				4	2	6
	3		2					1
7				5	1			
		6				3		5
			8		6		7	
				9		2	4	8
							9	
					7		1	2
						8		3

#51

1	8		5	4		3		6
4				2		8	5	
5								
8		3	2		9		1	
				3		9	4	8
	5		1	8	4	2		3
	6	4	7			5	8	
				5			6	1
9	1					7	3	2

#52

9		7						
		5	1				2	
	1			7			8	
			9		7			
3					5			
		4	8				9	6
7	6	2						3
3					4	8		
			6	8				1

#53

7	5							
		9	3		7		8	
8		5	7	1		6		
	6					7		
2	1	7		9				
6		4			7			
			4	2		5	3	
		2	8			4		

#54

				9				
			4	7				2
8	5	3		6		7		4
9			1				5	
	7	2					3	
	7	3					1	
2			1					9
	6				4	9	2	7

#55

	3							8
		1	7	2		4		3
			8		3	2		5
3	1				2	8		
		8				7	4	1
6	5			7				4
		4			5			
			9		5	8	6	

#56

			6	3	8	4		
1							9	
			2				6	
8	5	4					7	2
					5			3
		3						6
9			3					
	7	6			9	1		
			4	2				9

#57

	5		1			9	2	
2					6		7	5
			8		4			
1				8		9		
	2					3		
	6	3			4	1		
4	9		6		2			
		1		5	9			
5			4					

#58

3		2		6	7			
		7		5				
		8					2	7
			2				4	
6		3						8
	2	5		3		6	1	9
							9	5
	9							2
	7	4		8			6	

#59

3		6		2				
8	1			6	5			3
			3	8	7			
					6			8
	5	1	7			9		
				4			7	2
1	8	2				5		
			6	5				7
		5		1				

#60

							7	
		6		8		2		9
5	2	7	9	6				
	3	5			8			
				1				2
1			7	2		4		
	2		3		7			
	1	7		5				8
6				8				5

#61

	7		1	9				
9					8			
2					9	3		
	4	3		9				
			7	4		1	8	
5		9		1	4			
	6	9	8					
4				6				
1		5			2			

#62

				1				
5								
1		7	9	3		6		
2					1		9	
		6		2			5	4
		9			7	8	1	
	4				6		7	
8	7	2				1		
6			5		2			

#63

				5				
2			9		5			6
		4	8		1	2		
4				9		6		
3				1				
			8		3			5
		6			2			
	8			4				
5	7		2	3				

#64

			5					
1	5	4		3	8			
	8	3				5	9	
					2	1		
		5		7			2	8
2		1	6			7		4
						6		9
	9				3			
2	8	1						

#65

3	7				8			
		4	7	3		2	9	8
	8	9						3
		1			5			
1			8					9
9	5			4	3	8		1
			6		4			7
		3	8					2

#66

	2		3	9			1	8
4	8				6			
				8	7		6	
5								9
			5		1	8	4	
							3	6
		4					8	
	1	9						3
2	6			7		9		4

#67

	6	4		5		1	2	
		1						
		5			3	9		
	5							3
		7	4	1		8		
	1			6			5	
				1		6		
							7	
7	4	3	9					

#68

								2
		3	2	1	7			9
7				3				
				6	5	7		
		4			2			5
	3	6						
4			2					3
2			9				8	
		1			4		6	

#69

2	4			5				
		9	3	5	1			
1				3		7		
8		4						6
		1	8		2			
			7					8
	9	8	7		6			
		5	6					
6				9	8	4	1	

#70

			1		6		9	
					9	6	1	7
							3	
					5	3		
		5		8		1	7	9
				6	9	3	8	
	2	7	9			4	5	
9						2		
		8		1	4			

#71

	8	5	1			7		
					5			
			9	5				
9		8	3	4				
	7	2			9	3		
	5				7			
	1		8		2			
3	2		5		6			
		6	1			5		

#72

	5	3				7		
2								
		8		1	2	4		
		8					5	6
9				2	6			3
			8		9	4		7
4			6	7	5	1		
	6					5	9	4

#73

5		4	1		9			
	6		8					
7		9						6
		7			3			
	2		5	4				
4		1		7			2	
				2			8	1
	7				4	2		9
	4			8		3		

#74

			3	1	2		4	
	7	5				4	1	
		2					8	3
	5	3						
7		8	9		6			
		9		4			6	
9				3				
			1	6		9		
		7		9				

#75

		1		9	3			4
4								
		6	5					2
7	1			3			5	
6	5	4			7			
	3					9		
2						6	9	
				9				
	8			2		3	7	

#76

			2	1				
			7				3	8
1				8	6	7		
	1		4		5	2		
5			6					
4				2			8	9
6						8	9	
		7	5					
2						7		3

#77

	6	5		7	8			
	4		3	9				6
	7	8	2		4	9	5	
8				6		4		
		6		5		8		
5		4	8	3		6		7
6			7			4		
			5			1	6	
4	1		6	8		5		2

#78

	8				7		5	3
						2		
		5					9	
4		7		8				
8			2				3	9
1							7	4
		4	9		1	2		
		9				6	5	
	3			2				

#79

			4	5	2			
		2	8					
					4		1	
3		7						
5	2		1	3		9		
	9		7			5		
		5	8					4
	7	8	3	2				
	1	3		6		2		

#80

	9				3			
				7		3		
		7		6			5	9
6		9				4	2	3
4						1		
8	3		6	4				
		2	4			8	1	
5				1				
			2	5			3	

#81

7					8		2	
	8				2			
	9		6				5	
	5		2					3
3		1	5			8		
				7	1	5		
2						4	9	
			4					
		5	8	3	7			

#82

3					9	4		
6							8	3
				2		1	6	
	3		7				2	
7				5	2		9	
			4					7
1	7	3			4		5	8
8			2					9
		4			8			

#83

9				4				
7		2						
	4		5		7	3		2
4					5		9	
				3				7
		3	6			1		
	7					9		1
8						6		
		9		2	4			8

#84

5							4	
	3		5					
	1	6	4	7		5	8	
	9		8	1	7			4
	4				6	8		
	6						3	
			9			4	6	8
		9						
		1		5	4		2	

#85

	2			4		7	5	1
7	5		1			8	9	2
1		9	5	7		3		6
	1		6	8			3	7
			7	5		9		
9		6		2		5	1	
3						4	8	5
5						6	2	
	6	2		5			7	3

#86

	4		1				7	
		5					9	
8			7	3		5		
			4				5	9
	6	1	3			7		2
2			8			4		3
				1		3		
		5				8	2	
2	3					1	9	7

#87

		1		9	3			
	4		7					
5	2		1	8	4			
			8	5	9			
8	1				9			
9				3		7		5
1	3				5	4		6
					1	5		
		7						9

#88

			9					5
		3		5				
7		6		4				
	2	7			4			8
8	6		5					9
5		1	6	9				
			4		7			
	4						8	6
	5					1		4

22

#89

2	6	5		3				8
						9		
	1	9		2		5		
				4	3	2		
	3					6		4
								5
	5		7		2			
8	7		1		4			
			3	5		4	7	

#90

2		6		9		8	3	
8	3		7	2	4	5	9	6
4					8	1	2	7
7		3	8	5	9	2	4	1
5	1		2	3	7	9		8
	8	2		4	6	7	5	
6			9	7		3		
		5		8	3	4	7	9
3	9	7	4	1				

#91

3		9			2			6
1	8				3			
			9					
7		1	4	8				
	5		2	6			9	
						1		
		7	5			9		
2		6					7	5
		8		9		1		

#92

6								
			2		4	5		
		9			8			2
		1		2				
				9	3	7		
	8		6				5	
8							6	9
		9				2		4
4		6		3	2			

#93

		5	6		4			
		6		1		2	4	
		8						1
	4			2	9			
		9	1					
	6	3						7
7	5	9						
6	2	4		5	9	7		
			2			9		

#94

6						8		
7			5		1		9	
1		4			3			
	9	5			8			4
				7				
	8			2	9	5		
								3
9		3			7	1		
		3						

#95

	9			6				
		4	3	8		5		
3			9	4		6		
5		6	2			8		9
				5				3
			7		9		6	5
4	8							
	5	3						
	1	9				4		

#96

			5					
2			1		3			
		1	7	8	9			5
5		4		6				8
	2			1				
		9				1		
	5		3			9		
			6				8	
6							4	7

#97

		5					1	6
4				7			2	9
1	9		6	3	2			7
		5		4	8	9	7	1
9	1		3	7	6		5	
				1	5		6	
	3	9	7					
					3			
			4	5	9	1		2

#98

						7		
	6	9		3		4		
		4	5			2		
	2		1	7		6	4	
				5		8		2
			4	2	6			
	3			6	5			
	8	6	9		3	5		7
1		5				9	6	

#99

	5							3
	1			9	8			
9				2		5		
	8		1	9		7		
				7		4		
7								
	4	8			3			
	9			4	1	6		7
		7	2	5				

#100

5			2					
4		3				9		
		1	4	8			5	
			1		6			
		5		4	3			9
	3		9			7	8	
9								3
	5	8			2		9	
		7					6	5

#101

	7			1	4		2	
4		3	2	8	9		1	
			5	6				
		7						4
				8	9			1
8		9		5		7		
	6	8			1		9	
	9	1						8
7								2

#102

	3					4		9
			9	5	4		1	7
		4		1			6	5
4					5	8		2
5				8		1		
							3	4
8	4		5		3			1
		9		4	1			
		1	8		9			

#103

				7	3			
			3	4				
5	8		7					
		8	9	1	7			5
					1			
6			5	8				
	3							
			8	9	5			3
9	4	6	3					2

#104

	7	4						
		8	2			3	5	
		1	3	4	6			
1		9		6				
	2			9			8	
	8				2		9	7
							1	
			5		9			
5			6		4			2

#105

	5	8						6
	6			1	9	5		
5				7	6		3	
	8			9		2	1	
9								4
8	3				4			2
	4	5	6					9
6	9			3				

#106

2	9		5					
8						3		
			5					8
9	8	3	1	7				
					5		7	9
				2			3	1
4			9		1			
						5		9	3
7			6					

#107

			2	1	6			
	4		5				2	7
		8						6
		1		4		3	5	8
		3	9		6		4	
7					5			
	8	5		6	2	4		
	2	4	1					

#108

7				8	9			
	9						2	4
			2			7		8
3			7					9
			5				8	7
		8				4	5	2
8	1					7		
			5		7		1	
6			3					

#109

	3			2				
	8	1			2		6	
6		2	5					
				7	8			
	1	8		4	7			
				5				
			3	1				9
1	9	6		5		8		
2	7		8				4	1

#110

8								
				2	4		9	1
		3					8	4
			1	6			2	9
				2				
	2			5				
		7		8		4		3
2		5				9		
1				9	4		7	

#111

		7		3		5		2
			1		4			7
	3			9			6	
				2			5	
7		8						6
		9	7	1		2		
		6				3		
1		2	3	7	8			
	7	3						1

#112

	8	9	7					
	5					4		1
2								
					2	4	3	8
	2						5	
5		8	1			9		7
	6	7		8		3		2
				4	9			

#113

	8				1		5	
2	9	4						
7					2			
9	6	3	2	7				
			3			6		1
		7	5					
				2		8	5	
	7		9		6	3		
6				3				

#114

	9	6				8		
				9		7		
2				4		6	9	
6					7			1
							2	
4	3		2				6	
	4	2				8	3	
		8	9				7	6
	6	7		1				

#115

4		9		8				
		7			5		4	
5	3		1			7		8
7	5		4	6		3		
		3		5			6	7
	9			1	3			4
	7	4			8			
2	6		3		1	4	7	9
		1		4	7		3	6

#116

	5					1	3	
8						7	5	6
4	9							
	4		9				2	
5							4	
6		9	8		2			
	2			6	4	1	5	
7		1				2	9	
				2				7

#117

3	9		1				7	8
				9	4			
	4	6	3					2
		4				8		
	3			1		6	5	
9			7					
	1	9	3					
		5	1		2			
		8		6				1

#118

2	3				8			
		1	5					
	6	9		7				
	4					6	3	8
		2				5	9	7
8			6					2
3					6		7	
	2	9						6
				5		8		

#119

	4	1		6				2
7	3		2	4				
		9		7	4			3
5		3	4		6			7
				5	1			4
		5						
	4			3	2			
5	2	6	1	8	7			
6					5			

#120

	8		1	3				2
			4					1
6						8	4	
	3			2	4		1	
			5			2	6	
2						4	8	9
	4			6				
1							2	
3			2	7	9			4

#121

6			9	1			7	
				2				
3		1	7			4		
			3		7			
7			8			6		
			5				8	9
4	3					5		
						1	6	8
		8	2			3		4

#122

				7		9		
1	5			4	2			
								7
3				1				
	6	9					1	2
	4			6				
	8					1	3	
5		3	6					
			5			8	6	

#123

3	6		9	4	7		1	8
	4	5	6			7	9	2
9	8	7	2	1		4	6	3
4			8	7		6	3	5
	7		4	5			2	1
5	2	6	3	9	1	8	4	7
6		1			9		8	4
2	9	4	5			1	7	6
	3	8		6				

#124

3				9			5	
		9		3	6	7	2	
	2	5			4	9		
		1				6		
	4	7			8	5		
5				2				1
				5			6	4
						2		
			8			1		

#125

	2			5			8	
	4	5	8	2		1	9	
1			4					
		6			5			
2		9						
			3	8		2	4	
		2				6	7	
			6	5				
	7	8						

#126

		3						5
5	1			3			4	
						7		
2			3	9	4			
7				6		4		3
	5		1				9	
			9	8				
		5			1		8	6
3					5	9		4

#127

		9	7	5				3
	5		4					
	3		9		2	8	4	
	9		5		1			
				9	4			
	8	2						
4		6		3	9			
				1	3			
8								1

#128

	3	6	5					2
							6	
5			9					4
	8				5		3	
1				3		2		
		9			4			
	2						8	1
					1			
9		3	7	8			2	

Solutions

#1

5	6	8	1	3	7	2	4	9
3	4	1	9	2	8	7	5	6
7	2	9	4	5	6	3	1	8
6	5	3	8	7	1	9	2	4
1	8	4	3	9	2	6	7	5
2	9	7	5	6	4	8	3	1
4	3	5	2	8	9	1	6	7
8	1	6	7	4	3	5	9	2
9	7	2	6	1	5	4	8	3

#2

6	9	8	4	5	1	2	7	3
7	4	1	9	2	3	8	6	5
2	5	3	7	8	6	9	4	1
9	8	4	1	3	2	7	5	6
5	2	6	8	4	7	1	3	9
1	3	7	6	9	5	4	2	8
8	6	5	2	1	4	3	9	7
3	1	2	5	7	9	6	8	4
4	7	9	3	6	8	5	1	2

#3

2	9	6	3	8	1	4	7	5
8	4	3	2	7	5	1	6	9
1	7	5	6	4	9	3	8	2
5	1	9	7	3	2	8	4	6
7	2	8	9	6	4	5	3	1
6	3	4	1	5	8	2	9	7
3	5	1	8	9	7	6	2	4
4	6	7	5	2	3	9	1	8
9	8	2	4	1	6	7	5	3

#4

4	9	8	2	5	1	6	7	3
3	5	7	6	8	4	1	2	9
6	1	2	3	9	7	5	8	4
1	7	4	9	2	6	3	5	8
9	6	3	8	7	5	2	4	1
8	2	5	4	1	3	7	9	6
5	4	1	7	6	8	9	3	2
7	3	9	1	4	2	8	6	5
2	8	6	5	3	9	4	1	7

#5

1	4	3	5	8	9	7	2	6
2	9	6	3	1	7	8	4	5
7	5	8	4	6	2	3	9	1
4	1	9	7	5	8	2	6	3
5	3	2	1	4	6	9	7	8
6	8	7	9	2	3	5	1	4
3	7	4	8	9	1	6	5	2
9	6	1	2	3	5	4	8	7
8	2	5	6	7	4	1	3	9

#6

1	7	5	9	6	8	2	4	3
9	3	8	2	4	1	6	7	5
2	6	4	5	3	7	1	8	9
3	2	7	6	8	5	4	9	1
8	1	9	4	2	3	7	5	6
5	4	6	7	1	9	8	3	2
7	8	2	3	9	6	5	1	4
4	5	3	1	7	2	9	6	8
6	9	1	8	5	4	3	2	7

#7

3	2	6	9	7	5	8	1	4
5	4	8	6	1	2	3	7	9
7	9	1	8	4	3	5	6	2
9	3	4	7	5	8	6	2	1
6	1	7	3	2	9	4	5	8
2	8	5	1	6	4	7	9	3
4	6	9	5	3	1	2	8	7
8	5	2	4	9	7	1	3	6
1	7	3	2	8	6	9	4	5

#8

3	7	1	4	6	2	8	5	9
8	2	5	3	9	1	6	4	7
4	9	6	8	7	5	2	1	3
1	8	7	2	3	9	4	6	5
6	3	2	7	5	4	1	9	8
5	4	9	6	1	8	7	3	2
2	6	3	9	4	7	5	8	1
7	1	4	5	8	3	9	2	6
9	5	8	1	2	6	3	7	4

#9

8	7	5	1	3	6	2	9	4
3	2	9	5	7	4	6	1	8
1	4	6	2	9	8	7	5	3
4	1	7	3	5	2	8	6	9
2	6	3	9	8	1	4	7	5
5	9	8	6	4	7	1	3	2
6	3	1	4	2	9	5	8	7
9	8	2	7	6	5	3	4	1
7	5	4	8	1	3	9	2	6

#10

6	1	4	9	2	5	3	7	8
9	7	2	8	6	3	4	1	5
3	8	5	1	7	4	6	9	2
7	3	8	2	5	1	9	6	4
4	5	6	7	3	9	8	2	1
1	2	9	6	4	8	7	5	3
2	4	3	5	9	6	1	8	7
8	9	7	3	1	2	5	4	6
5	6	1	4	8	7	2	3	9

#11

7	3	1	2	6	9	4	8	5
4	2	9	8	1	5	3	7	6
5	8	6	4	3	7	1	2	9
3	4	5	1	2	6	8	9	7
8	9	2	3	7	4	5	6	1
1	6	7	9	5	8	2	3	4
2	5	3	7	9	1	6	4	8
9	1	8	6	4	3	7	5	2
6	7	4	5	8	2	9	1	3

#12

5	4	1	7	3	9	8	2	6
9	6	7	2	4	8	3	5	1
2	3	8	6	5	1	9	7	4
1	2	3	9	7	6	5	4	8
6	7	5	3	8	4	1	9	2
8	9	4	5	1	2	7	6	3
4	1	9	8	6	7	2	3	5
7	5	6	1	2	3	4	8	9
3	8	2	4	9	5	6	1	7

#13

2	4	1	5	7	8	3	6	9
5	7	6	3	2	9	4	1	8
9	3	8	1	4	6	5	2	7
8	9	7	6	5	2	1	4	3
6	1	4	8	3	7	9	5	2
3	5	2	9	1	4	8	7	6
7	6	3	4	9	1	2	8	5
1	8	9	2	6	5	7	3	4
4	2	5	7	8	3	6	9	1

#14

9	6	4	5	7	1	8	2	3
3	5	2	9	8	4	7	6	1
7	1	8	6	3	2	4	9	5
6	7	3	8	2	5	9	1	4
1	8	5	3	4	9	2	7	6
2	4	9	1	6	7	5	3	8
4	2	1	7	5	3	6	8	9
5	9	6	2	1	8	3	4	7
8	3	7	4	9	6	1	5	2

#15

4	5	6	8	1	9	2	3	7
3	8	2	5	7	4	1	9	6
1	9	7	6	3	2	5	8	4
7	3	5	9	8	1	6	4	2
8	2	1	3	4	6	9	7	5
9	6	4	2	5	7	3	1	8
6	1	3	7	2	8	4	5	9
2	4	8	1	9	5	7	6	3
5	7	9	4	6	3	8	2	1

#16

7	1	2	3	8	6	9	5	4
3	8	6	5	4	9	2	7	1
4	5	9	7	2	1	3	8	6
1	6	3	9	5	4	8	2	7
8	7	4	2	1	3	6	9	5
9	2	5	6	7	8	1	4	3
5	3	7	1	9	2	4	6	8
6	9	8	4	3	5	7	1	2
2	4	1	8	6	7	5	3	9

#17

5	7	2	4	9	8	3	6	1
6	3	8	5	7	1	4	9	2
1	9	4	6	3	2	8	5	7
9	2	6	3	1	7	5	4	8
4	8	5	9	2	6	7	1	3
3	1	7	8	4	5	9	2	6
2	5	9	7	6	3	1	8	4
7	4	1	2	8	9	6	3	5
8	6	3	1	5	4	2	7	9

#18

9	8	3	6	5	4	2	7	1
2	1	4	3	9	7	8	5	6
5	7	6	2	8	1	3	9	4
7	6	9	5	1	3	4	8	2
8	3	2	4	6	9	7	1	5
1	4	5	7	2	8	9	6	3
6	5	7	9	3	2	1	4	8
3	9	8	1	4	5	6	2	7
4	2	1	8	7	6	5	3	9

#19

7	5	3	6	8	4	2	1	9
8	1	9	5	2	3	4	7	6
6	2	4	9	7	1	3	5	8
4	6	8	1	3	2	7	9	5
2	9	5	8	6	7	1	4	3
1	3	7	4	5	9	8	6	2
5	7	6	3	4	8	9	2	1
3	4	1	2	9	6	5	8	7
9	8	2	7	1	5	6	3	4

#20

3	2	5	6	1	8	7	4	9
9	6	7	3	4	5	2	1	8
4	1	8	7	9	2	3	5	6
6	9	3	8	7	4	5	2	1
5	8	4	2	6	1	9	7	3
1	7	2	5	3	9	8	6	4
8	4	1	9	2	7	6	3	5
7	5	6	4	8	3	1	9	2
2	3	9	1	5	6	4	8	7

#21

6	5	8	4	7	9	2	3	1
9	1	2	8	3	5	6	4	7
3	4	7	2	1	6	8	5	9
4	2	1	5	6	8	9	7	3
8	7	6	3	9	1	4	2	5
5	3	9	7	4	2	1	6	8
1	6	5	9	2	7	3	8	4
7	9	3	6	8	4	5	1	2
2	8	4	1	5	3	7	9	6

#22

3	6	5	4	2	1	8	7	9
7	4	8	3	5	9	2	1	6
1	2	9	7	8	6	4	3	5
4	1	7	9	3	2	5	6	8
5	8	2	6	4	7	1	9	3
6	9	3	8	1	5	7	2	4
9	5	6	1	7	4	3	8	2
2	3	1	5	6	8	9	4	7
8	7	4	2	9	3	6	5	1

#23

9	3	6	4	8	1	7	2	5
7	5	8	9	2	3	1	4	6
2	4	1	5	7	6	3	9	8
5	7	3	8	6	9	2	1	4
6	2	4	3	1	7	8	5	9
8	1	9	2	4	5	6	3	7
4	6	5	7	3	2	9	8	1
3	8	7	1	9	4	5	6	2
1	9	2	6	5	8	4	7	3

#24

8	3	7	9	2	4	5	1	6
2	6	1	7	8	5	3	4	9
4	9	5	6	1	3	2	8	7
1	5	4	2	3	7	6	9	8
3	7	8	5	9	6	4	2	1
9	2	6	1	4	8	7	3	5
6	8	9	4	7	2	1	5	3
5	1	2	3	6	9	8	7	4
7	4	3	8	5	1	9	6	2

#25

6	9	2	4	8	7	1	3	5
7	8	1	5	3	9	4	2	6
4	5	3	2	1	6	8	7	9
9	2	5	1	6	8	7	4	3
1	4	7	9	5	3	6	8	2
3	6	8	7	2	4	5	9	1
5	7	4	3	9	1	2	6	8
2	3	6	8	7	5	9	1	4
8	1	9	6	4	2	3	5	7

#26

8	2	1	4	3	6	7	9	5
6	5	7	9	2	8	4	1	3
3	9	4	1	5	7	8	6	2
9	8	2	5	7	1	6	3	4
4	7	6	3	8	9	5	2	1
5	1	3	2	6	4	9	8	7
1	4	8	7	9	2	3	5	6
7	6	5	8	1	3	2	4	9
2	3	9	6	4	5	1	7	8

#27

2	4	9	1	3	8	5	7	6
5	7	3	6	4	9	1	2	8
6	1	8	2	7	5	9	4	3
1	5	2	4	6	3	8	9	7
8	6	7	5	9	2	4	3	1
3	9	4	7	8	1	2	6	5
7	8	6	9	5	4	3	1	2
9	2	5	3	1	7	6	8	4
4	3	1	8	2	6	7	5	9

#28

2	1	4	6	7	8	3	9	5
9	8	7	3	5	4	2	6	1
6	3	5	9	2	1	7	4	8
8	5	3	1	4	7	6	2	9
4	9	2	8	3	6	5	1	7
7	6	1	2	9	5	4	8	3
3	4	9	5	1	2	8	7	6
1	2	6	7	8	3	9	5	4
5	7	8	4	6	9	1	3	2

#29

6	4	3	7	2	9	8	5	1
7	1	9	3	8	5	4	2	6
8	2	5	6	1	4	3	9	7
5	9	1	8	3	7	2	6	4
3	6	2	4	5	1	7	8	9
4	7	8	2	9	6	5	1	3
1	5	4	9	7	2	6	3	8
9	8	7	5	6	3	1	4	2
2	3	6	1	4	8	9	7	5

#30

3	8	1	4	2	7	6	9	5
7	6	9	5	8	3	4	1	2
5	2	4	9	6	1	8	7	3
6	1	5	7	3	8	2	4	9
2	4	8	6	9	5	1	3	7
9	3	7	2	1	4	5	8	6
4	9	2	8	7	6	3	5	1
8	7	3	1	5	2	9	6	4
1	5	6	3	4	9	7	2	8

#31

7	1	4	8	9	2	6	3	5
2	5	6	4	7	3	8	9	1
9	8	3	1	5	6	7	2	4
6	9	5	7	2	4	3	1	8
3	7	8	9	6	1	4	5	2
4	2	1	5	3	8	9	7	6
5	6	2	3	8	9	1	4	7
1	3	7	6	4	5	2	8	9
8	4	9	2	1	7	5	6	3

#32

2	4	8	5	1	3	9	6	7
9	7	1	6	2	8	4	3	5
6	5	3	9	7	4	1	8	2
8	9	6	2	3	1	5	7	4
4	2	5	8	9	7	3	1	6
3	1	7	4	6	5	8	2	9
1	3	2	7	5	9	6	4	8
5	6	4	1	8	2	7	9	3
7	8	9	3	4	6	2	5	1

#33

2	9	5	1	7	6	3	8	4
4	7	3	5	2	8	9	6	1
6	1	8	9	4	3	5	7	2
9	4	2	7	6	5	1	3	8
5	8	7	4	3	1	6	2	9
1	3	6	8	9	2	7	4	5
8	6	9	2	1	7	4	5	3
3	5	1	6	8	4	2	9	7
7	2	4	3	5	9	8	1	6

#34

8	7	1	9	5	2	4	3	6
6	4	2	3	8	1	7	5	9
9	5	3	4	6	7	2	8	1
7	6	4	5	2	8	1	9	3
5	3	9	6	1	4	8	2	7
2	1	8	7	9	3	6	4	5
1	9	5	8	4	6	3	7	2
4	2	7	1	3	5	9	6	8
3	8	6	2	7	9	5	1	4

#35

6	9	3	2	5	1	7	4	8
2	4	8	3	7	6	9	5	1
5	1	7	4	8	9	2	3	6
9	2	6	1	4	7	3	8	5
7	8	4	5	6	3	1	2	9
3	5	1	9	2	8	4	6	7
4	7	2	6	9	5	8	1	3
1	6	9	8	3	2	5	7	4
8	3	5	7	1	4	6	9	2

#36

4	9	2	5	7	1	3	8	6
3	7	5	8	2	6	9	4	1
1	6	8	4	3	9	2	7	5
8	1	6	3	9	7	4	5	2
5	3	7	1	4	2	6	9	8
2	4	9	6	5	8	7	1	3
7	2	3	9	8	5	1	6	4
6	5	4	7	1	3	8	2	9
9	8	1	2	6	4	5	3	7

#37

5	8	6	7	3	1	2	4	9
9	1	4	5	2	6	8	7	3
7	3	2	4	8	9	1	5	6
8	2	3	1	9	5	4	6	7
6	5	1	2	7	4	3	9	8
4	7	9	8	6	3	5	2	1
1	6	8	9	5	2	7	3	4
3	4	5	6	1	7	9	8	2
2	9	7	3	4	8	6	1	5

#38

6	7	3	5	8	2	9	1	4
1	4	8	6	7	9	3	2	5
5	9	2	4	1	3	8	7	6
4	1	6	2	9	7	5	8	3
3	2	9	8	4	5	1	6	7
8	5	7	3	6	1	4	9	2
2	8	5	1	3	6	7	4	9
9	6	1	7	5	4	2	3	8
7	3	4	9	2	8	6	5	1

#39

3	7	9	1	2	5	8	4	6
2	1	6	3	4	8	9	5	7
8	4	5	6	9	7	3	1	2
4	2	8	7	1	3	6	9	5
5	9	7	2	8	6	1	3	4
1	6	3	9	5	4	2	7	8
7	8	1	5	6	9	4	2	3
9	3	4	8	7	2	5	6	1
6	5	2	4	3	1	7	8	9

#40

1	6	2	9	7	8	4	3	5
7	4	8	5	3	1	9	2	6
9	3	5	6	2	4	7	8	1
4	9	7	8	5	2	6	1	3
8	1	6	7	9	3	5	4	2
2	5	3	1	4	6	8	7	9
3	8	9	2	6	7	1	5	4
5	2	1	4	8	9	3	6	7
6	7	4	3	1	5	2	9	8

#41

7	4	8	6	9	2	1	3	5
9	3	1	7	4	5	6	2	8
5	2	6	1	3	8	9	7	4
2	1	5	4	7	6	3	8	9
4	8	9	5	2	3	7	1	6
3	6	7	8	1	9	4	5	2
8	5	3	9	6	7	2	4	1
6	7	4	2	5	1	8	9	3
1	9	2	3	8	4	5	6	7

#42

4	5	6	2	8	9	1	7	3
8	7	2	1	3	5	9	4	6
3	1	9	7	4	6	5	2	8
1	8	5	9	6	2	4	3	7
6	3	7	4	1	8	2	5	9
9	2	4	5	7	3	6	8	1
5	6	8	3	9	4	7	1	2
2	9	1	8	5	7	3	6	4
7	4	3	6	2	1	8	9	5

#43

2	7	6	4	9	5	8	3	1
8	9	1	6	2	3	7	4	5
5	4	3	7	1	8	6	9	2
9	5	4	8	7	1	3	2	6
1	2	8	9	3	6	4	5	7
3	6	7	2	5	4	9	1	8
4	1	5	3	6	7	2	8	9
7	8	9	1	4	2	5	6	3
6	3	2	5	8	9	1	7	4

#44

1	5	3	4	8	7	2	9	6
8	6	2	9	3	5	7	4	1
4	9	7	1	2	6	5	3	8
7	3	8	5	6	4	1	2	9
2	1	6	8	9	3	4	7	5
5	4	9	7	1	2	8	6	3
6	2	4	3	5	1	9	8	7
3	8	1	2	7	9	6	5	4
9	7	5	6	4	8	3	1	2

#45

7	5	3	6	1	8	2	9	4
8	6	2	4	9	3	5	1	7
1	4	9	2	7	5	8	3	6
9	8	7	5	6	4	1	2	3
6	3	5	1	2	7	4	8	9
2	1	4	3	8	9	7	6	5
4	2	1	9	5	6	3	7	8
5	7	6	8	3	2	9	4	1
3	9	8	7	4	1	6	5	2

#46

2	7	1	5	3	9	4	8	6
8	9	5	6	2	4	7	3	1
4	3	6	7	8	1	5	9	2
5	4	7	8	6	2	3	1	9
3	8	2	9	1	5	6	7	4
6	1	9	3	4	7	8	2	5
7	5	8	2	9	6	1	4	3
9	6	4	1	7	3	2	5	8
1	2	3	4	5	8	9	6	7

#47

2	8	3	5	9	7	6	4	1
9	5	4	6	1	8	7	2	3
7	1	6	2	4	3	9	5	8
6	9	1	4	5	2	8	3	7
3	4	7	9	8	6	2	1	5
5	2	8	7	3	1	4	6	9
4	6	5	3	7	9	1	8	2
1	7	2	8	6	5	3	9	4
8	3	9	1	2	4	5	7	6

#48

7	6	5	9	1	2	3	8	4
9	4	8	7	3	6	1	5	2
2	1	3	5	4	8	6	9	7
8	7	1	4	9	3	5	2	6
5	9	6	1	2	7	8	4	3
4	3	2	8	6	5	7	1	9
3	8	7	2	5	4	9	6	1
1	5	4	6	7	9	2	3	8
6	2	9	3	8	1	4	7	5

#49

4	9	2	1	3	6	7	5	8
7	1	5	8	9	4	3	6	2
6	3	8	7	2	5	9	4	1
1	6	4	9	5	3	8	2	7
9	5	3	2	8	7	6	1	4
8	2	7	4	6	1	5	3	9
3	4	1	6	7	8	2	9	5
2	8	6	5	1	9	4	7	3
5	7	9	3	4	2	1	8	6

#50

8	1	5	3	9	4	2	7	6
9	3	4	2	6	7	5	8	1
7	6	2	8	5	1	3	4	9
4	2	6	7	8	3	9	1	5
1	8	9	6	4	5	7	3	2
5	7	3	9	1	2	4	6	8
2	5	1	4	3	8	6	9	7
3	9	8	5	7	6	1	2	4
6	4	7	1	2	9	8	5	3

#51

1	8	2	5	4	7	3	9	6
4	9	6	3	2	1	8	5	7
5	3	7	8	9	6	1	2	4
8	4	3	2	7	9	6	1	5
2	7	1	6	3	5	9	4	8
6	5	9	1	8	4	2	7	3
3	6	4	7	1	2	5	8	9
7	2	8	9	5	3	4	6	1
9	1	5	4	6	8	7	3	2

#52

9	4	7	3	2	8	6	1	5
6	8	5	1	4	9	3	2	7
2	1	3	5	7	6	4	8	9
1	2	8	9	6	7	5	3	4
3	6	9	4	1	5	2	7	8
7	5	4	8	3	2	1	9	6
8	7	6	2	5	1	9	4	3
5	3	1	7	9	4	8	6	2
4	9	2	6	8	3	7	5	1

#53

3	2	8	5	9	6	4	1	7
7	5	6	1	8	4	3	9	2
1	4	9	3	2	7	6	8	5
8	9	5	7	1	3	2	6	4
4	6	3	2	5	8	1	7	9
2	1	7	4	6	9	5	3	8
6	8	4	9	3	5	7	2	1
9	7	1	6	4	2	8	5	3
5	3	2	8	7	1	9	4	6

#54

7	2	9	8	3	4	1	6	5
6	1	4	7	9	5	3	8	2
8	5	3	2	6	1	7	9	4
3	9	6	4	1	2	8	5	7
5	8	1	9	7	3	4	2	6
4	7	2	6	5	8	9	3	1
9	4	7	3	2	6	5	1	8
2	3	5	1	8	7	6	4	9
1	6	8	5	4	9	2	7	3

#55

4	3	2	9	5	1	6	7	8
5	8	1	7	2	6	4	9	3
7	9	6	8	4	3	2	1	5
9	4	5	1	8	7	3	6	2
3	1	7	4	6	2	8	5	9
2	6	8	5	3	9	7	4	1
6	5	9	3	7	8	1	2	4
8	2	4	6	1	5	9	3	7
1	7	3	2	9	4	5	8	6

#56

5	9	7	6	3	8	4	2	1
1	6	2	5	7	4	3	9	8
4	3	8	2	9	1	7	6	5
8	5	4	1	6	3	9	7	2
6	2	9	7	4	5	8	1	3
7	1	3	9	8	2	5	4	6
9	4	5	3	1	6	2	8	7
2	7	6	8	5	9	1	3	4
3	8	1	4	2	7	6	5	9

#57

8	5	6	1	4	7	9	2	3
2	1	4	3	9	6	8	7	5
3	7	9	8	2	5	4	1	6
1	4	5	2	3	8	6	9	7
7	2	8	9	6	1	5	3	4
9	6	3	5	7	4	1	8	2
4	9	7	6	8	2	3	5	1
6	3	1	7	5	9	2	4	8
5	8	2	4	1	3	7	6	9

#58

3	5	2	9	6	7	1	8	4
4	1	7	8	5	2	9	3	6
9	6	8	3	1	4	2	5	7
1	8	9	2	7	6	5	4	3
6	4	3	1	9	5	7	2	8
7	2	5	4	3	8	6	1	9
8	3	6	7	2	1	4	9	5
5	9	1	6	4	3	8	7	2
2	7	4	5	8	9	3	6	1

#59

3	7	6	1	2	9	8	4	5
8	1	9	4	6	5	7	2	3
5	2	4	3	8	7	6	9	1
4	3	7	2	9	6	5	1	8
2	5	1	7	3	8	9	6	4
6	9	8	5	4	1	3	7	2
1	8	2	9	7	3	4	5	6
9	4	3	6	5	2	1	8	7
7	6	5	8	1	4	2	3	9

#60

9	1	8	2	4	3	5	7	6
3	6	4	8	5	7	2	1	9
5	2	7	9	6	1	3	8	4
2	3	5	4	9	8	1	6	7
7	4	9	3	1	6	8	5	2
1	8	6	5	7	2	9	4	3
8	5	2	6	3	4	7	9	1
4	9	1	7	2	5	6	3	8
6	7	3	1	8	9	4	2	5

#61

8	3	7	2	1	9	6	4	5
9	5	6	7	4	3	1	8	2
2	4	1	8	6	5	7	9	3
6	1	4	3	5	8	9	2	7
3	9	2	6	7	4	5	1	8
5	7	8	9	2	1	4	3	6
7	6	9	4	8	2	3	5	1
4	2	5	1	3	6	8	7	9
1	8	3	5	9	7	2	6	4

#62

9	6	4	2	1	8	5	3	7
5	8	3	7	6	4	9	2	1
1	2	7	9	3	5	6	4	8
2	5	8	3	4	1	7	9	6
7	1	6	8	2	9	3	5	4
4	3	9	6	5	7	8	1	2
3	4	5	1	8	6	2	7	9
8	7	2	4	9	3	1	6	5
6	9	1	5	7	2	4	8	3

#63

8	9	6	2	1	5	4	7	3
2	3	1	9	4	7	5	8	6
7	5	4	8	3	6	1	2	9
4	1	5	3	7	9	8	6	2
3	8	2	5	6	1	7	9	4
9	6	7	4	8	2	3	1	5
1	4	3	6	9	8	2	5	7
6	2	8	7	5	4	9	3	1
5	7	9	1	2	3	6	4	8

#64

9	6	2	5	1	7	4	8	3
1	5	4	9	3	8	2	6	7
7	8	3	2	6	4	5	9	1
8	7	9	4	5	2	1	3	6
6	4	5	3	7	1	9	2	8
2	3	1	6	8	9	7	5	4
3	1	7	8	2	5	6	4	9
5	9	6	7	4	3	8	1	2
4	2	8	1	9	6	3	7	5

#65

3	7	2	5	9	8	1	4	6
5	1	4	7	3	6	2	9	8
6	9	8	4	1	2	3	7	5
2	8	9	6	5	4	7	1	3
7	3	6	1	2	9	5	8	4
1	4	5	3	8	7	6	2	9
9	5	7	2	4	3	8	6	1
8	2	1	9	6	5	4	3	7
4	6	3	8	7	1	9	5	2

#66

6	2	7	3	9	5	4	1	8
4	8	5	2	1	6	3	9	7
1	9	3	4	8	7	2	6	5
5	3	2	6	4	8	1	7	9
9	7	6	5	3	1	8	4	2
8	4	1	7	2	9	5	3	6
3	5	4	9	6	2	7	8	1
7	1	9	8	5	4	6	2	3
2	6	8	1	7	3	9	5	4

#67

3	6	4	7	5	9	1	2	8
8	9	1	6	4	2	7	3	5
2	7	5	1	8	3	9	4	6
4	5	8	2	9	7	6	1	3
6	3	7	4	1	5	8	9	2
9	1	2	3	6	8	4	5	7
5	2	9	8	7	1	3	6	4
1	8	6	5	3	4	2	7	9
7	4	3	9	2	6	5	8	1

#68

1	5	9	6	4	8	3	7	2
4	6	3	2	1	7	8	5	9
7	8	2	5	3	9	1	4	6
2	1	8	9	6	5	7	3	4
9	7	4	3	8	2	6	1	5
5	3	6	4	7	1	9	2	8
8	4	7	1	2	6	5	9	3
6	2	5	7	9	3	4	8	1
3	9	1	8	5	4	2	6	7

#69

2	4	3	8	7	1	5	6	9
7	8	6	9	3	5	1	2	4
1	5	9	4	2	6	3	8	7
8	2	4	5	9	3	7	1	6
5	6	7	1	8	4	2	9	3
9	3	1	2	6	7	4	5	8
4	9	8	7	1	2	6	3	5
3	1	5	6	4	8	9	7	2
6	7	2	3	5	9	8	4	1

#70

4	5	1	3	6	7	9	2	8
2	8	3	5	4	9	6	1	7
7	9	6	8	2	1	5	3	4
8	4	9	1	7	5	3	6	2
3	6	5	4	8	2	1	7	9
1	7	2	6	9	3	8	4	5
6	2	7	9	3	8	4	5	1
9	1	4	7	5	6	2	8	3
5	3	8	2	1	4	7	9	6

#71

2	8	5	1	3	6	4	7	9
6	3	9	8	7	4	5	2	1
7	4	1	2	9	5	8	6	3
9	6	8	3	4	7	1	5	2
1	7	2	5	6	8	9	3	4
4	5	3	9	2	1	7	8	6
5	1	6	4	8	3	2	9	7
3	2	4	7	5	9	6	1	8
8	9	7	6	1	2	3	4	5

#72

1	5	3	4	6	8	2	7	9
2	9	4	3	5	7	6	8	1
6	7	8	9	1	2	3	4	5
3	8	2	7	4	1	9	5	6
9	4	7	5	2	6	8	1	3
5	1	6	8	3	9	4	2	7
4	2	9	6	7	5	1	3	8
8	3	5	1	9	4	7	6	2
7	6	1	2	8	3	5	9	4

#73

5	8	4	1	6	9	7	3	2
2	6	3	8	5	7	9	1	4
7	1	9	4	3	2	8	5	6
6	5	7	2	9	3	1	4	8
3	2	8	5	4	1	6	9	7
4	9	1	6	7	8	5	2	3
9	3	6	7	2	5	4	8	1
8	7	5	3	1	4	2	6	9
1	4	2	9	8	6	3	7	5

#74

8	9	6	3	1	2	7	4	5
3	7	5	8	9	4	1	2	6
4	1	2	6	7	5	8	9	3
6	5	3	2	8	1	4	7	9
7	4	8	9	5	6	3	1	2
1	2	9	7	4	3	5	6	8
9	6	1	5	3	7	2	8	4
2	3	4	1	6	8	9	5	7
5	8	7	4	2	9	6	3	1

#75

5	2	1	7	9	3	6	8	4
4	9	8	1	6	2	5	3	7
3	7	6	5	4	8	9	1	2
7	1	9	2	3	6	4	5	8
6	5	4	9	8	1	7	2	3
8	3	2	4	5	7	1	9	6
2	4	7	3	1	5	8	6	9
1	6	3	8	7	9	2	4	5
9	8	5	6	2	4	3	7	1

#76

6	8	7	3	2	1	9	5	4
2	4	9	5	7	6	1	3	8
1	5	3	9	4	8	6	7	2
3	1	8	4	9	5	2	6	7
5	9	2	8	6	7	3	4	1
4	7	6	1	3	2	5	8	9
7	6	4	2	1	3	8	9	5
8	3	1	7	5	9	4	2	6
9	2	5	6	8	4	7	1	3

#77

9	6	5	1	7	8	2	3	4
2	4	1	3	9	5	7	8	6
3	7	8	2	6	4	9	5	1
8	2	7	9	1	6	3	4	5
1	3	6	4	5	7	8	2	9
5	9	4	8	3	2	6	1	7
6	5	3	7	2	1	4	9	8
7	8	2	5	4	9	1	6	3
4	1	9	6	8	3	5	7	2

#78

9	8	2	4	6	7	1	5	3
3	4	1	5	9	2	8	7	6
7	6	5	3	1	8	9	4	2
4	9	7	1	8	3	6	2	5
8	5	6	2	7	4	3	1	9
1	2	3	6	5	9	7	8	4
5	7	4	9	3	1	2	6	8
2	1	9	8	4	6	5	3	7
6	3	8	7	2	5	4	9	1

#79

8	3	1	9	4	5	2	6	7
6	4	2	1	8	7	9	3	5
7	5	9	6	3	2	4	8	1
3	8	7	5	6	9	1	4	2
5	2	6	4	1	3	7	9	8
1	9	4	2	7	8	6	5	3
2	6	5	8	9	1	3	7	4
9	7	8	3	2	4	5	1	6
4	1	3	7	5	6	8	2	9

#80

1	9	8	5	2	3	6	7	4
2	5	6	9	7	4	3	8	1
3	4	7	8	6	1	2	5	9
6	7	9	1	8	5	4	2	3
4	2	5	3	9	7	1	6	8
8	3	1	6	4	2	5	9	7
7	6	2	4	3	9	8	1	5
5	8	3	7	1	6	9	4	2
9	1	4	2	5	8	7	3	6

#81

7	1	3	9	5	8	6	2	4
5	8	6	7	4	2	9	3	1
4	9	2	6	1	3	7	5	8
6	5	9	2	8	4	1	7	3
3	7	1	5	9	6	8	4	2
8	2	4	3	7	1	5	6	9
2	3	8	1	6	5	4	9	7
1	6	7	4	2	9	3	8	5
9	4	5	8	3	7	2	1	6

#82

3	1	5	6	8	9	4	7	2
6	2	7	1	4	5	9	8	3
4	8	9	3	2	7	1	6	5
9	3	8	7	1	6	5	2	4
7	4	1	8	5	2	3	9	6
5	6	2	4	9	3	8	1	7
1	7	3	9	6	4	2	5	8
8	5	6	2	3	1	7	4	9
2	9	4	5	7	8	6	3	1

#83

9	3	8	2	4	1	7	5	6
7	5	2	3	6	8	4	1	9
1	4	6	5	9	7	3	8	2
4	6	7	1	8	5	2	9	3
5	9	1	4	3	2	8	6	7
2	8	3	6	7	9	1	4	5
3	7	4	8	5	6	9	2	1
8	2	5	9	1	3	6	7	4
6	1	9	7	2	4	5	3	8

#84

5	7	8	1	3	9	2	4	6
2	3	4	5	6	8	1	9	7
9	1	6	4	7	2	5	8	3
3	9	2	8	1	7	6	5	4
1	4	5	3	9	6	8	7	2
8	6	7	2	4	5	9	3	1
7	5	3	9	2	1	4	6	8
4	2	9	6	8	3	7	1	5
6	8	1	7	5	4	3	2	9

#85

6	2	3	9	4	8	7	5	1
7	5	4	1	3	6	8	9	2
1	8	9	5	7	2	3	4	6
4	1	5	6	8	9	2	3	7
2	3	8	7	5	1	9	6	4
9	7	6	3	2	4	5	1	8
3	9	1	2	6	7	4	8	5
5	4	7	8	1	3	6	2	9
8	6	2	4	9	5	1	7	3

#86

3	4	6	1	9	5	2	7	8
1	7	5	2	8	6	9	3	4
8	9	2	7	3	4	5	6	1
7	3	8	4	2	1	6	5	9
4	6	1	3	5	9	7	8	2
2	5	9	8	6	7	4	1	3
6	8	7	9	1	2	3	4	5
9	1	4	5	7	3	8	2	6
5	2	3	6	4	8	1	9	7

#87

7	8	1	5	9	3	2	6	4
3	4	9	7	6	2	5	1	8
5	2	6	1	8	4	3	9	7
2	7	3	8	5	9	6	4	1
8	1	5	6	4	7	9	3	2
9	6	4	2	3	1	7	8	5
1	3	8	9	2	5	4	7	6
6	9	2	4	7	8	1	5	3
4	5	7	3	1	6	8	2	9

#88

4	1	8	9	2	3	7	6	5
2	9	3	7	5	6	4	8	1
7	5	6	8	4	1	9	3	2
9	2	7	1	3	4	6	5	8
8	6	4	5	7	2	3	1	9
5	3	1	6	9	8	2	4	7
1	8	2	4	6	7	5	9	3
3	4	9	2	1	5	8	7	6
6	7	5	3	8	9	1	2	4

#89

2	6	5	4	3	9	7	1	8
3	4	8	5	7	1	9	2	6
7	1	9	8	2	6	5	4	3
5	8	1	6	4	3	2	9	7
9	3	7	2	1	5	6	8	4
6	2	4	9	8	7	1	3	5
4	5	3	7	9	2	8	6	1
8	7	2	1	6	4	3	5	9
1	9	6	3	5	8	4	7	2

#90

2	7	6	5	9	1	8	3	4
8	3	1	7	2	4	5	9	6
4	5	9	3	6	8	1	2	7
7	6	3	8	5	9	2	4	1
5	1	4	2	3	7	9	6	8
9	8	2	1	4	6	7	5	3
6	4	8	9	7	2	3	1	5
1	2	5	6	8	3	4	7	9
3	9	7	4	1	5	6	8	2

#91

3	4	9	8	1	2	7	5	6
1	8	5	6	7	3	2	4	9
6	7	2	9	4	5	3	8	1
7	6	1	4	8	9	5	3	2
8	5	3	2	6	1	4	9	7
9	2	4	3	5	7	6	1	8
4	1	7	5	2	8	9	6	3
2	9	6	1	3	4	8	7	5
5	3	8	7	9	6	1	2	4

#92

6	4	2	5	7	9	1	8	3
1	3	8	2	6	4	5	9	7
7	9	5	3	1	8	6	4	2
9	7	1	8	2	5	4	3	6
5	6	4	1	9	3	7	2	8
2	8	3	6	4	7	9	5	1
8	2	7	4	5	1	3	6	9
3	5	9	7	8	6	2	1	4
4	1	6	9	3	2	8	7	5

#93

2	1	5	6	3	4	8	7	9
3	7	6	8	9	1	5	2	4
4	9	8	7	2	5	6	3	1
1	4	7	3	6	2	9	5	8
5	8	2	9	1	7	3	4	6
9	6	3	5	4	8	2	1	7
7	5	9	4	8	3	1	6	2
6	2	4	1	5	9	7	8	3
8	3	1	2	7	6	4	9	5

#94

6	5	9	2	7	4	8	3	1
7	3	8	5	6	1	4	9	2
1	2	4	9	8	3	6	5	7
2	9	5	6	1	8	3	7	4
4	1	6	7	3	5	2	8	9
3	8	7	4	2	9	5	1	6
8	7	2	1	5	6	9	4	3
9	6	3	8	4	7	1	2	5
5	4	1	3	9	2	7	6	8

#95

8	9	1	5	2	6	7	3	4
7	6	4	1	3	8	9	5	2
3	2	5	9	4	7	6	8	1
5	4	6	2	1	3	8	7	9
9	7	8	4	6	5	2	1	3
1	3	2	7	8	9	4	6	5
4	8	7	3	9	1	5	2	6
2	5	3	6	7	4	1	9	8
6	1	9	8	5	2	3	4	7

#96

9	4	7	5	2	6	8	1	3
2	8	5	1	4	3	6	7	9
6	3	1	7	8	9	4	2	5
5	1	4	9	6	7	2	3	8
3	2	6	8	1	5	7	9	4
8	7	9	4	3	2	1	5	6
4	5	8	3	7	1	9	6	2
7	9	2	6	5	4	3	8	1
1	6	3	2	9	8	5	4	7

#97

7	2	3	5	9	4	8	1	6
4	5	6	1	8	7	3	2	9
1	9	8	6	3	2	5	4	7
3	6	5	2	4	8	9	7	1
9	1	2	3	7	6	4	5	8
8	7	4	9	1	5	2	6	3
5	3	9	7	2	1	6	8	4
2	4	1	8	6	3	7	9	5
6	8	7	4	5	9	1	3	2

#98

2	5	8	6	9	4	7	3	1
7	6	9	2	3	1	4	5	8
3	1	4	5	8	7	2	9	6
5	2	3	1	7	8	6	4	9
6	4	1	3	5	9	8	7	2
8	9	7	4	2	6	3	1	5
9	3	2	7	6	5	1	8	4
4	8	6	9	1	3	5	2	7
1	7	5	8	4	2	9	6	3

#99

8	5	4	7	1	6	2	9	3
6	1	2	5	3	9	8	7	4
9	7	3	8	4	2	6	5	1
4	8	6	1	9	5	7	3	2
5	2	1	6	7	3	9	4	8
7	3	9	4	2	8	5	1	6
1	4	8	9	6	7	3	2	5
2	9	5	3	8	4	1	6	7
3	6	7	2	5	1	4	8	9

#100

5	7	6	2	3	1	9	4	8
4	8	3	5	6	9	1	7	2
2	9	1	4	8	7	3	5	6
8	2	9	1	7	6	5	3	4
7	1	5	8	4	3	6	2	9
6	3	4	9	2	5	7	8	1
9	6	2	7	5	4	8	1	3
3	5	8	6	1	2	4	9	7
1	4	7	3	9	8	2	6	5

#101

9	7	6	3	1	4	8	2	5
4	5	3	2	8	9	6	1	7
1	8	2	5	6	7	4	9	3
6	1	7	9	2	3	5	8	4
5	2	4	6	7	8	9	3	1
8	3	9	1	4	5	2	7	6
3	6	8	7	5	2	1	4	9
2	9	1	4	3	6	7	5	8
7	4	5	8	9	1	3	6	2

#102

1	3	5	2	6	7	4	8	9
6	8	2	9	5	4	3	1	7
9	7	4	3	1	8	2	6	5
4	6	7	1	3	5	8	9	2
5	9	3	4	8	2	1	7	6
2	1	8	7	9	6	5	3	4
8	4	6	5	7	3	9	2	1
3	2	9	6	4	1	7	5	8
7	5	1	8	2	9	6	4	3

#103

2	1	4	5	9	6	7	3	8
7	6	9	8	3	4	2	5	1
5	8	3	7	2	1	6	9	4
3	2	8	9	1	7	4	6	5
4	5	7	2	6	3	8	1	9
6	9	1	4	5	8	3	2	7
8	3	5	1	4	2	9	7	6
1	7	2	6	8	9	5	4	3
9	4	6	3	7	5	1	8	2

#104

3	7	4	9	5	8	2	6	1
9	6	8	2	7	1	3	5	4
2	5	1	3	4	6	9	7	8
1	3	9	8	6	7	4	2	5
7	2	6	4	9	5	1	8	3
4	8	5	1	3	2	6	9	7
6	4	2	7	8	3	5	1	9
8	1	3	5	2	9	7	4	6
5	9	7	6	1	4	8	3	2

#105

1	5	8	3	4	2	7	9	6
3	2	9	7	6	5	8	4	1
7	6	4	8	1	9	5	2	3
5	1	2	4	7	6	9	3	8
4	8	6	5	9	3	2	1	7
9	7	3	1	2	8	6	5	4
8	3	1	9	5	7	4	6	2
2	4	5	6	8	1	3	7	9
6	9	7	2	3	4	1	8	5

#106

2	9	1	5	8	7	6	3	4
8	6	7	9	4	3	1	5	2
3	4	5	6	2	1	9	7	8
9	8	3	1	7	6	2	4	5
6	1	2	3	5	4	7	8	9
5	7	4	2	9	8	3	1	6
4	3	9	8	1	2	5	6	7
1	2	8	7	6	5	4	9	3
7	5	6	4	3	9	8	2	1

#107

5	9	7	8	2	1	6	3	4
8	4	6	5	9	3	1	2	7
1	3	2	6	7	4	9	8	5
4	7	8	3	1	5	2	9	6
9	6	1	2	4	7	3	5	8
2	5	3	9	8	6	7	4	1
7	1	9	4	3	8	5	6	2
3	8	5	7	6	2	4	1	9
6	2	4	1	5	9	8	7	3

#108

7	4	6	2	8	9	3	5	1
5	9	8	6	3	1	2	4	7
1	3	2	4	5	7	6	9	8
3	5	4	7	2	8	1	6	9
2	6	1	5	9	3	8	7	4
9	8	7	1	6	4	5	3	2
8	1	3	9	4	5	7	2	6
4	2	5	8	7	6	9	1	3
6	7	9	3	1	2	4	8	5

#109

5	3	7	9	6	2	4	1	8
9	8	1	4	7	3	2	5	6
6	4	2	5	1	8	3	9	7
4	6	5	1	2	9	7	8	3
3	1	8	6	4	7	9	2	5
7	2	9	3	8	5	1	6	4
8	5	4	2	3	1	6	7	9
1	9	6	7	5	4	8	3	2
2	7	3	8	9	6	5	4	1

#110

8	1	4	6	3	9	2	5	7
5	7	6	8	2	4	3	9	1
9	3	2	7	1	5	6	8	4
4	5	8	1	6	3	7	2	9
3	6	1	2	9	7	8	4	5
7	2	9	4	5	8	1	3	6
6	9	7	5	8	2	4	1	3
2	4	5	3	7	1	9	6	8
1	8	3	9	4	6	5	7	2

#111

8	1	7	6	3	4	5	9	2
9	6	5	1	8	2	4	3	7
2	3	4	5	9	7	1	6	8
6	4	1	8	2	9	7	5	3
7	2	8	4	5	3	9	1	6
3	5	9	7	1	6	2	8	4
5	8	6	2	4	1	3	7	9
1	9	2	3	7	8	6	4	5
4	7	3	9	6	5	8	2	1

#112

1	8	9	7	2	6	5	4	3
7	5	6	3	9	4	2	8	1
2	3	4	8	1	5	7	6	9
6	7	1	9	5	2	4	3	8
9	2	3	4	7	8	1	5	6
5	4	8	1	6	3	9	2	7
4	6	7	5	8	1	3	9	2
3	1	2	6	4	9	8	7	5
8	9	5	2	3	7	6	1	4

#113

3	8	6	7	9	2	1	4	5
2	9	4	1	3	5	7	6	8
7	5	1	6	4	8	2	3	9
9	6	3	2	7	1	5	8	4
5	4	2	3	8	9	6	7	1
8	1	7	5	6	4	9	2	3
1	3	9	4	2	7	8	5	6
4	7	8	9	5	6	3	1	2
6	2	5	8	1	3	4	9	7

#114

5	9	6	3	7	2	8	1	4
8	1	4	6	9	5	7	3	2
2	7	3	8	4	1	6	9	5
6	2	5	4	3	7	9	8	1
7	8	9	1	5	6	4	2	3
4	3	1	2	8	9	5	6	7
1	4	2	7	6	8	3	5	9
3	5	8	9	2	4	1	7	6
9	6	7	5	1	3	2	4	8

#115

4	2	9	6	7	8	1	5	3
8	1	7	9	3	5	6	4	2
5	3	6	1	2	4	7	9	8
7	5	2	4	6	9	3	8	1
1	4	3	8	5	2	9	6	7
6	9	8	7	1	3	5	2	4
3	7	4	2	9	6	8	1	5
2	6	5	3	8	1	4	7	9
9	8	1	5	4	7	2	3	6

#116

2	5	6	4	8	1	3	7	9
8	3	1	2	9	7	5	6	4
4	9	7	5	3	6	8	1	2
7	4	3	9	1	5	6	2	8
5	8	2	6	7	3	9	4	1
6	1	9	8	4	2	7	3	5
9	2	8	7	6	4	1	5	3
3	7	4	1	5	8	2	9	6
1	6	5	3	2	9	4	8	7

#117

3	9	2	1	6	5	4	7	8
7	8	1	2	9	4	5	3	6
5	4	6	3	8	7	9	1	2
1	2	4	6	5	3	7	8	9
8	3	7	9	4	1	2	6	5
9	6	5	8	7	2	1	4	3
2	1	9	4	3	8	6	5	7
6	7	3	5	1	9	8	2	4
4	5	8	7	2	6	3	9	1

#118

2	3	5	4	1	8	7	6	9
7	9	1	5	6	3	8	2	4
4	8	6	9	2	7	1	5	3
9	4	7	1	5	2	6	3	8
1	6	2	8	3	4	5	9	7
8	5	3	6	7	9	4	1	2
3	1	8	2	4	6	9	7	5
5	2	9	7	8	1	3	4	6
6	7	4	3	9	5	2	8	1

#119

8	4	1	3	6	9	7	5	2
7	3	5	8	2	4	9	6	1
6	2	9	1	5	7	4	8	3
5	8	3	4	1	2	6	9	7
2	9	6	7	3	8	5	1	4
4	1	7	5	9	6	2	3	8
1	7	4	9	8	5	3	2	6
3	5	2	6	4	1	8	7	9
9	6	8	2	7	3	1	4	5

#120

7	8	4	1	3	6	5	9	2
9	2	5	4	8	7	6	3	1
6	1	3	9	5	2	8	4	7
8	3	9	6	2	4	7	1	5
4	7	1	5	9	8	2	6	3
2	5	6	7	1	3	4	8	9
5	4	2	3	6	1	9	7	8
1	9	7	8	4	5	3	2	6
3	6	8	2	7	9	1	5	4

#121

6	2	4	9	1	5	8	7	3
5	8	7	4	2	3	9	1	6
3	9	1	7	6	8	4	5	2
8	6	5	3	9	7	2	4	1
7	1	9	8	4	2	6	3	5
2	4	3	6	5	1	7	8	9
4	3	6	1	8	9	5	2	7
9	7	2	5	3	4	1	6	8
1	5	8	2	7	6	3	9	4

#122

4	3	6	7	5	9	2	8	1
1	5	7	8	4	2	6	9	3
9	2	8	1	3	6	4	5	7
3	7	5	2	1	8	9	4	6
8	6	9	3	7	4	5	1	2
2	4	1	9	6	5	3	7	8
6	8	2	4	9	7	1	3	5
5	9	3	6	8	1	7	2	4
7	1	4	5	2	3	8	6	9

#123

3	6	2	9	4	7	5	1	8
1	4	5	6	8	3	7	9	2
9	8	7	2	1	5	4	6	3
4	1	9	8	7	2	6	3	5
8	7	3	4	5	6	9	2	1
5	2	6	3	9	1	8	4	7
6	5	1	7	2	9	3	8	4
2	9	4	5	3	8	1	7	6
7	3	8	1	6	4	2	5	9

#124

3	7	8	2	9	1	4	5	6
4	1	9	5	3	6	7	2	8
6	2	5	7	8	4	9	1	3
8	3	1	9	7	5	6	4	2
2	4	7	6	1	8	5	3	9
9	5	6	4	2	3	8	7	1
7	8	2	1	5	9	3	6	4
1	9	4	3	6	7	2	8	5
5	6	3	8	4	2	1	9	7

#125

9	2	7	3	5	1	4	8	6
3	4	5	8	2	6	1	9	7
1	8	6	4	7	9	2	3	5
8	3	4	6	9	2	7	5	1
2	5	9	1	4	7	3	6	8
7	6	1	5	3	8	9	2	4
5	1	2	9	8	4	6	7	3
4	9	3	7	6	5	8	1	2
6	7	8	2	1	3	5	4	9

#126

4	2	3	7	1	9	8	6	5
5	1	7	8	3	6	2	4	9
6	8	9	4	5	2	7	3	1
2	6	8	3	9	4	1	5	7
7	9	1	5	6	8	4	2	3
3	5	4	1	2	7	6	9	8
1	4	6	9	8	3	5	7	2
9	7	5	2	4	1	3	8	6
8	3	2	6	7	5	9	1	4

#127

2	4	9	8	7	5	6	1	3
1	5	8	3	4	6	2	9	7
6	3	7	9	1	2	8	4	5
3	9	4	7	5	8	1	2	6
7	6	2	1	3	9	4	5	8
5	8	1	2	6	4	7	3	9
4	1	6	5	8	3	9	7	2
9	7	5	6	2	1	3	8	4
8	2	3	4	9	7	5	6	1

#128

4	3	6	5	1	7	8	9	2
8	9	1	3	4	2	5	6	7
5	7	2	9	6	8	3	1	4
2	8	4	6	7	5	1	3	9
1	5	7	8	3	9	2	4	6
3	6	9	1	2	4	7	5	8
7	2	5	4	9	3	6	8	1
6	4	8	2	5	1	9	7	3
9	1	3	7	8	6	4	2	5

www.ingramcontent.com/pod-product-compliance
Lightning Source LLC
Chambersburg PA
CBHW070849220526
45466CB00005B/1939